वासना एक नदी का नाम है

सविता सिंह का जन्म फ़रवरी, 1962 को आरा, बिहार में हुआ। उन्होंने दिल्ली विश्वविद्यालय से राजनीतिशास्त्र में एम.ए., एम.फिल., पीएच.डी. की। मांट्रियाल (कनाडा) स्थित मैक्गिल विश्वविद्यालय में साढ़े चार वर्ष तक शोध व अध्यापन किया। 'भारत में आधुनिकता का विमर्श' उनके शोध का विषय रहा। सेंट स्टीफेन्स कॉलेज से अध्यापन आरम्भ करके डेढ़ दशक तक उन्होंने दिल्ली विश्वविद्यालय में पढ़ाया। वे अमेरिका के इंटरनेशनल हर्बर्ट मारक्यूस सोसायटी के निदेशक मण्डल की सदस्य एवं को-चेयर हैं।

उनके प्रकाशित कविता-संग्रह हैं—*अपने जैसा जीवन* (2001), *नींद थी और रात थी* (2005), *स्वप्न समय* (2013), *खोयी चीज़ों का शोक* (2021), *प्रेम भी एक यातना है* (2024)। दो द्विभाषिक काव्य-संग्रह *रोविंग टुगेदर* (अंग्रेज़ी-हिन्दी) तथा *ज़ स्वी ला मेजों दे जेत्वाल* (फ्रेंच-हिन्दी) (2008)। उड़िया में *जेयुर रास्ता मोरा निजारा* शीर्षक से संकलन प्रकाशित। अभी तक हिन्दी में अप्रकाशित एक और नये कविता-संग्रह *प्रेम भी एक यातना है* का उड़िया अनुवाद प्रकाशित (2021)। अंग्रेज़ी में कवयित्रियों के अन्तरराष्ट्रीय चयन 'सेवेन लीव्स, वन ऑटम' (2011) का सम्पादन जिसमें प्रतिनिधि कविताएँ शामिल। *पचास कविताएँ : नयी सदी के लिए चयन* शृंखला के तहत प्रतिनिधि कविताएँ प्रकाशित। ल फाउंडेशन मेजों देस साइंसेज ल दे, होम, पेरिस की पोस्ट-डॉक्टरल फ़ैलोशिप के तहत कृष्णा सोबती के 'मित्रो मरजानी' तथा 'ऐ लड़की' उपन्यासों पर काम। राजनीतिक दर्शन के क्षेत्र में *रियलिटी एंड इट्स डेथ्थ : ए कन्वर्सेशन बिटवीन सविता सिंह एंड रॉय भास्कर* प्रकाशित। आधुनिकता, भारतीय राजनीतिक सिद्धान्त और भारत में नारीवाद आदि विषयों पर तीन बड़ी परियोजनाओं पर काम जारी। 'पोएट्री एट संगम' के अप्रैल 2021 अंक का अतिथि सम्पादन।

कई विदेशी और भारतीय भाषाओं में कविताएँ अनूदित-प्रकाशित। कई विश्वविद्यालयों के पाठ्यक्रम में कविताएँ शामिल और उन पर शोध कार्य। हिन्दी अकादमी और रज़ा फाउंडेशन के अलावा 'महादेवी वर्मा पुरस्कार' (2016), 'युनिस डि सूजा अवार्ड' (2020) तथा 'केदार सम्मान' (2022) से सम्मानित।

सम्प्रति इन्दिरा गांधी राष्ट्रीय मुक्त विश्वविद्यालय (इग्नू) में प्रोफ़ेसर, स्कूल ऑव ज़ेंडर एंड डेवलपमेंट स्टडीज़ की संस्थापक निदेशक।

वासना एक नदी का नाम है

सविता सिंह

वाणी प्रकाशन
प्रकाशन के उत्कृष्टतम 61 वर्ष

vaniprakashan.com

सजिल्द पहला संस्करण : 2024

वाणी प्रकाशन

4695, 21-ए, दरियागंज, नयी दिल्ली-110 002

फ़ोन : +91 11 23273167, 23275710

शाखाएँ

अशोक राजपथ, पटना-800 004, बिहार

कॉफ़ी हाउस कैम्पस, महात्मा गांधी मार्ग, प्रयागराज-211 001, उत्तर प्रदेश

महात्मा गांधी अन्तरराष्ट्रीय हिन्दी विश्वविद्यालय, वर्धा-442 001, महाराष्ट्र

36/ए, शेक्सपियर सरणी, रानी बिरला गर्ल्स कॉलेज के पास, कोलकाता-700 017, प. बंगाल

sales@vaniprakashan.in
vaniprakashan@gmail.com

Vasna Ek Nadi Ka Naam Hai
by Savita Singh

ISBN : 978-93-5775-889-5
Poetry Collection

मूल्य : ₹ 225

आर.टेक ऑफ़सेट प्रिंटर्स, दिल्ली-110 032 में मुद्रित

वाणी प्रकाशन का लोगो मक़बूल फ़िदा हुसेन की कूची से

अक्क महादेवी, मृदुला गर्ग और
हेलेन सिक्सू के लिए

अनुक्रम

सृष्टि के रूप

अभी-अभी जो दिखा दृश्य
वह क्या था
पत्तों का आपसी खेल
या हरे रंग के बदलते रूप
कितना हाथ हवा का था इसमें
इसे यूँ होने देने में

वह चमक जो उभरी थी पत्तों पर
कहाँ से उतरी थी
हृदय की किस कौंध से होकर आयी थी
पत्ते पर झलकी किसी स्मित-सी
आती है जो कभी-कभी होंठों पर
बस पल भर के लिए
आख़िर किस स्रोत से आती है रोशनी
हम पर उतरने

एक स्त्री ने जब इस पर ग़ौर किया
उसे लगा सृष्टि के कई रूप हैं
अपने हर रूप में वह पूर्ण है
उसके होने के कई स्रोत हैं जो उसी के हैं, उसे ही मालूम
यह जान वह स्त्री भर गयी एक ही साथ हर्ष और दुःख से
जो दिख रहा था उसे

उसमें बहुत पीड़ा थी
जो छिपा था
जिज्ञासा के उल्लास से भरा था
जैसे आज की सुबह
अभी-अभी की सुबह
जिसमें एक बयार है
यानी सृष्टि आज ऐसी है
अपने अनेक रूपों में एक साथ

क्यों, एक कोयल भी तो कूक रही है अभी
एक गिलहरी अपने दो बच्चों के साथ हरे नीम के पौधे पर चढ़ रही है
इन सारी चीज़ों पर कहीं से एक रोशनी पड़ रही है
देखने में कोई रहस्य नहीं जान पड़ता था अभी
मगर रोशनी तो है एक रहस्य ही
ख़ासकर जिस तरह वह चीज़ों को दिखा रही है अभी।

हवाएँ

कितनी तरह की हवाएँ होती हैं
जो हमसे होकर गुज़रती हैं
आख़िर आज मैंने जाना

कुछ मन को गीला करती हैं
कुछ उसे सुखा देती हैं
वे हवाएँ जो पठारों से होकर आती हैं
वे जो जंगलों में रुकी रहती हैं
उनके बारे में आज जानना हुआ

आख़िर मैंने विश्वास किया उस स्त्री का
बचपन में जिसने बताया था
कुछ ही हवाएँ जानी जा सकती हैं
बाक़ी सब अनजान रहती हैं
जब कोई ऐसी ही हवा आकर लगे तुमसे
बाहें खोल देना
वह पिछले किसी जन्म की तुम्हारी प्रेमिका हो सकती है
उससे बातें करना
प्रेम के बारे में अब भी वह तुम्हें
बहुत कुछ बता सकती है।

बारिश की आवाज़

एक स्याह रात थी वह
स्याह से थोड़ी अलग
और सभी जगे थे
देखना चाहते थे इसका रंग बदलना

अभी भी यह एक बैंगनी रात थी
थोड़ी देर बाद हल्की नीली रह जायेगी
जब यह सफ़ेद होगी तब
शायद कुछ लोग सोने जायें
लेकिन तब तक तेज़ बारिश
शुरू हो जायेगी

बारिश की आवाज़ सुनने के लिए
कुछ लोग तब भी जगे रहेंगे।

रात का अन्तस

जब हवा थोड़ी थमी
तब जंगल से दूसरी आवाज़ें आने लगीं
इतनी आवाज़ें कि लगा वे कब से रुकी हुई थीं
उनका आवाज़ बनना कब से बचा हुआ था
वे महज़ फुसफुसाहटें थीं अब तक

जब हवा शान्त हो गयी
नदी बहने की आवाज़ें आने लगीं तब
पानी की आवाज़ सुनना भी कितना रहस्यमय अनुभव हो सकता है
जबकि उसकी भयानक मंशा को झेल चुके थे
बग़ल के गाँव में रहने वाले परिवार
बाढ़ में बह गये थे बूढ़े, बच्चे, जानवर
अभी पानी कुछ कहने को है
कि वह इतना प्रलयकारी नहीं
न प्रकृति ही ऐसी है
कि वह हमारे भीतर है, बहुत भीतर

अभी हवा बिल्कुल शान्त है
अभी किसी की देह में एक काइनात करवट ले रही है
कोई पुरानी वासना सरसरा रही है
एक आवाज़ भीतर से उठ रही है–
"रात तक रुको
उसके अन्तस को देखना है

तो रात तक रुको
ऊपर तारों की छतरी को तनने दो
चाँद को सरकने दो बायीं तरफ़ थोड़ा
आने दो बाहर नृत्य करने उस काले पक्षी को
जो रात का पक्षी है
अप्रतिम, अपने सौन्दर्य में भयावह"

अभी हवा फिर चल पड़ी है
एक दूसरी आवाज़ फिर से आ रही है
सन-सन-सन

क्या तुम्हें मालूम है
इसका अर्थ सिर्फ़ आत्मा जानती है
देह को भी इसका नहीं पता
वह बस सिहरती है
किसी प्रेम की अनुभूति में

प्रेम, मगर किससे किसका; आह!

कुमुदिनी खिली हुई है

जो था सब अपूर्ण था
जो पूर्ण था
वह फैला था अदृश्य-सा
जैसे चाँदनी उस तालाब में
खिली कामनाओं-सी
कुमुदिनी सरीखी

प्यास असंख्य थी
और जीव भी असंख्य इस धरा पर
दिन की अपनी अतृप्तियाँ हैं
जैसे रात की अपनी

जो रास्ता समुद्र तक जा सकता था
वह धूल में डूबा हुआ था
जल तक पहुँचने की ख़्वाहिश मगर
साथ चली आयी थी कई जन्मों से
आत्मा को भिगोती अपने अनन्त होने की याद से
जहाँ पहुँचना था वहाँ वासना पहले से थी
यात्रा को अस्त-व्यस्त करती हुई

एक नदी वहाँ पहुँची मगर

सफ़ेद चाँदनी और गुलाबी कुमुदिनी को अंक में लिये
कोई हतप्रभ था यह कैसे हुआ
यहाँ तक पहुँचना
प्रेम में मरी किसी स्त्री के लिए ही सम्भव है, था

अभी जल में असंख्य फूल खिले हैं
ऊपर आसमान है ठहरा हुआ
प्रेम में एक स्त्री अपने वसन खोल रही है
नया धारण कर रही है
चाँद उसे देख रहा है अजब कामना से
चाँदनी कितनी रहस्यमय लग रही है अभी!

जुगनुओं से भरी रात

जुगनुओं-भरी रात
रातरानी की झूमती डाल
याद क्यों आती है बहन
उसकी मासूम आँखें

जाने किस पहर आ टपका लटका हुआ तारा
मेरी बेटी की शक्ल का जो दिखता है
उसमें बची चमक
मेरी चमक नहीं
उसी की है
वह अभी कहाँ है
किस देश में
किस नगर में

सड़क पर जली बत्तियाँ
दिखा रही हैं फतिंगों की बेचैनी
वे इससे टकरा-टकराकर नीचे गिर रहे हैं

रोशनी उन्हें उठा रही है।

वासना की राह

अभी चाँद डूबना चाहता है
अलबत्ता अभी-अभी जगा था जबकि भीतर कहीं
बाहर डूबना चाहता है

अभी कुछ भी अपने चरम पर नहीं
उस ओर भी नहीं, बल्कि
आसमान किसी ढलान की तरफ बढ़ चला है
अभी हवा पर कोई भरोसा नहीं
कुछ भीतर बजता-सा रहा है
धीमा, बहुत धीमा
हल्की मिठास-सी है जिह्वा पर
एक दीर्घ प्यास पिछले किसी जन्म की लौट आयी है बेशक
उग आयी है कोई गाढ़े हरे रंग की घास
जैसे छाती पर जो कभी उगी होगी

आख़िर मैं पृथ्वी ही तो थी पिछली शताब्दियों में
मेरी कितनी सन्तानें थीं
यह लाल कीट मेरी मँझली बेटी थी
नीले पंखों, लाल आँखों वाली चिड़िया मेरी ही परम पियारी सन्तान
कितनी वासना थी तब
सौन्दर्य को जनने की कितनी ललक, विकट इच्छा
अनजान को पाने का कौतूहल
कितनी रातों तक जागी रही थी मैं
देखने के लिए अपना ही सौन्दर्य

अपना यूँ होना!

बारिश और पत्ते

पहाड़ पर बारिश हो रही है
जिसे हम नहीं देख रहे
घने जंगल के मध्य शाल के पत्ते गिर रहे
हम उन्हें भी नहीं देख रहे
रेगिस्तान में चलते अन्धड़ को भी
आसमान देख रहा है सिर्फ़
या फिर रेत
ख़ुद इस पल
हम उस नियम को भी नहीं देख रहे जिसके तहत पत्ते गिरते हैं
आँधियाँ चलती हैं

हृदय में पीड़ा के भी रसायन को कौन जानता है
देखता भी कौन है
और कौन इस बात को
कि इस पृथ्वी की तरह कई और ग्रह हैं
जो पृथ्वीनुमा हैं, कई पृथ्वी
जिस पर हमसे अलग जीव रहते हैं
जिनके भी हृदय होते हैं
और उनमें भी रहती है पीड़ा
वहाँ जाने के भी नियम होंगे ही
शरीर छोड़कर ही वहाँ भी जाया जाता होगा

यह जानना भी कितना सुकूनदेह है
कि बिना रहस्य के कुछ भी नहीं
इस काइनात में
कि जो अलख्य है वह भी नियमबद्ध है।

मनोरम

वह स्त्री अपने मनोरम होने के सत्य को जानती थी
ऐसी ढेर सारी और भी बातों को वह जानती रही है
उसने झरनों, पहाड़ों और चिड़ियों के बारे में बहुत-बहुत सोचा
घास की सिहरती देह के बारे में उसके पास विरल ज्ञान हैं
अनुभव और सिद्धान्त भी

वह बता सकती है कई तरह की सिहरनों के बारे में
और यदि वह घास के बारे में हो तो
उसका ज्ञान और गहरा मालूम पड़ता है
कई बार वह घास और हवा के सम्बन्ध के बारे में
अलग से बातें करती है
और हवा तो ख़ैर उसके भीतर ही रहती है
उसने एक बार यह बात बतायी थी
हवा मनुष्य से अधिक दूसरे प्राणियों के लिए सहिष्णु है
और पेड़, पत्तों और घास जैसी मामूली सब्ज़ चीज़ों के लिए बड़ा सत्य है
यह वह अक्सर कहती पायी गयी है

स्त्री फिर भी अपने होने के सत्य
को लेकर ज़्यादा आश्चर्य से भरी रहती है
उसका अपना मनोरम होना
उसे ख़ुद पर बहुत रिझाता है
वह सोयी नहीं एक रात जब उसने अपनी इस बात का विश्वास किया
वह प्रफुल्लित रही, किसी का इन्तज़ार नहीं किया

किसी की राय नहीं चाही
वह जगी सुबह
और आईने में अपना चेहरा देखा
मुस्कुरायी और कहा : सुन्दर, मनोरम!

सम्पदा

(सविता भार्गव के लिए)

कैसे इस वाक्य पर ना मरूँ
उस भाषा पर निछावर न हो जाऊँ
जिसमें एक स्त्री सृष्टि को देखती है
एक विशाल पक्षी की तरह
अपने पंखों को खोलते बन्द करते
जिसमें वह पाती है इसकी सबसे सुन्दर रचना
अपने मन के अलावा वह देखती है अपनी देह की सम्पदा
अपने उभरे स्तन
अपनी सुन्दर बाँहें
लम्बे काले केश वह देखती है
जिससे जन्म लेती हैं कितनी ही सृष्टियाँ
अपनी योनि वह देखती है, विराजती योगिनियों को
कितने ही भैरवों को उन्मत्त नृत्य करते हुए आसपास

कैसे न निछावर होऊँ
उस ख़ुद पर जिसका रक्त दौड़ता है मुझमें
मेरी नसें उमड़ी नदी-सी
बेतवा-अलकनन्दा का प्रतिरूप जान पड़ती हैं

मैं समूचे आकाश में ख़ुद को फैला पाती हूँ

सारी धरती को ख़ुद में धड़कती हुई
हवा को सम्भोगरत पाती हूँ जंगल में
फूलों पर थिरकते भँवरों के रहस्य समझ पाती हूँ

मैं स्त्री हूँ या कि सृष्टि
क्यों यह एक भेद भीतर रखती हूँ
देखती हूँ ख़ुद को खुलती हुई
ख़ुद को बन्द होती देखती हूँ
मैं कब से सुन्दर थी
इस पर सोचती हूँ।

रोशनी की लिप्सा

लाखों वर्षों तक अन्तरिक्ष में एक-दूसरे को खोजते
आख़िरकार मुलाक़ात हुई दो लोगों की
एक जन्म में
वे पास आये
साँस में एक-दूसरे के समाये
एक चुम्बन के बाद
वे अलग हुए ज्यों
दो तारे छिटक गये बहुत पास आकर

कितना प्रकाश ज़ाया हुआ
कितनी गर्म साँसें बिखर गयीं बिला वजह
किसी बड़ी चिड़िया को पता था हालाँकि
रोशनी की इस लिप्सा के बारे में
वह जानती है इसी तरह पैदा होती है
ऊष्मा जीवन को चलाती है
मृत्यु को ताप चाहिए मनुष्य-जीवन का
मरना याद रखती है वह तभी
सारस की तरह गर्दन में दबी मछली की तरह

दो मनुष्य साथ जा रहे हैं
साथ चलती जाती है रोशनी
दो लोग देख रहे हैं एक-दूसरे के भीतर के प्रकाश को
कौन कितने लाख वर्ष कहाँ-कहाँ भटका इसका हिसाब करते
आत्मा है कि कुछ भी नहीं कहती
बस साथ रहती

दिखाती सामने बहती जाती वासना की नदी को।

शाम के साँवलेपन में

क्या पता था जब यह कविता
शाम के साँवलेपन में अपना रूप खोज रही थी
वह बिल्ली जो घण्टों बालकनी में रखी कुर्सी पर
बैठी शिम्बोर्स्का का इन्तज़ार कर रही थी
और वह आलमारी जो पुरानी हो चली थी
मगर जिसमें नयी से नयी किताबें रखी जाती रही हैं अब भी
सब मेरी कविता का हिस्सा बन जायेंगी
मैंने कहा था ख़ुद से
इस साल मैं किसी का इन्तज़ार नहीं करूँगी
इस साल मैं संघर्ष करूँगी
लिखूँगी
अपने बारे में सोचूँगी
और हो सकेगा तो चुप रहूँगी
कुछ न बोलूँगी

सारे शब्द यातनाओं को बढ़ाने के लिए ही
इस्तेमाल किये जा रहे हैं अब
जबकि देह कहती है अब और दर्द नहीं
अब इसे एकान्त चाहिए
ढहने से बचने के लिए
इसे अपना ही स्पर्श चाहिए
जगने लिए

कब से नींद में चलती रही है साँस

कब से दोपहर को देखा नहीं भर आँख
कब से हवा से बातें नहीं कीं
कब से हिंसा बस हिंसा से बचने का उपक्रम करती रही
कोड़े सहती रही सपनों के
सोचकर एक दिन मिल ही जाऊँगी धूप से
शिम्बोर्स्का से मिल ही जाऊँगी
जबकि वह जा चुकी है इस जहान से
बिल्ली की बग़ल में बैठा करूँगी
सोचूँगी उसी की तरह इन्तज़ार के बारे में
वह जो कुछ भी सोचती है
उसके बारे में

मुझे कुछ पता नहीं था
ये सारी बातें मुझे आज सूझेंगी
और मैं बच जाऊँगी ख़ुद की ही मार से।

सम्भोगरत

चाहती है सुबह रात से मिलना
उससे लिपटना
चाहती है रात साँझ से मिलना
उसमें समाना
चाहती है साँझ उस स्त्री से मिलना
जिसका प्रेम टपकता है महुए के फूलों की तरह उसके लिए
जिसकी साँस चलती है भीतर, बहुत भीतर मन्द-मन्द

सब एक-दूसरे से मिलना चाहते हैं
सब सम्भोगरत हैं नहीं जानते
आख़िर यह हुआ कैसे

हवा मुस्कुराती है
उसके माथे पर कितने ही रंगों के पराग पड़े दिखते हैं
वह ख़ुद भी कई बार तितली बन जाती है
अनगिनत रंगों में शुमार हो जाती है

साँझ अभी उतरी है पेड़ों पर
बग़ल से एक नदी गाती हुई जाती है।

सैर

उसके चाहने से आख़िर क्या हुआ
अपना स्त्री होना ही आड़े आया
वह सैर करने सुबह-सुबह हर रोज़ जाना चाहती थी
वहाँ उसे बेचैन पेड़ दिखते
दम तोड़ती कोई तितली दिखती
टूटकर गिरा कोई तारा दिखता
एक बच्ची की पड़ी हुई आँख दिखती
वह सबकी तकलीफ़ समझती थी
वह एक स्त्री थी
उसे इन सबकी भाषाएँ आती थीं

वह जान-बूझकर चुप रहती
वह क्या करती
उम्र एक ढलान पर थी
वह यहाँ से जाने की तैयारी में लगी थी

एक दिन सुबह ने उससे कहा
सैर अच्छी चीज़ है
चाहे जहाँ भी की जाये
यह दुनिया भी सुन्दर जगह हो सकती है
यदि सैर पर तुम रोज़ आओ।

मरना याद आता है

इतने सौन्दर्य के बाद
तो मर ही जाना चाहिए था
मगर उसने कहा इसे याद रखने के लिए
जीवित रहना चाहिए

वह मैं ही क्यों थी
आज भी सोचती हूँ
जब पत्ते झड़ रहे होते हैं
सोचती हूँ इनका यह सौन्दर्य कैसा
झरना एक तरह से मरना ही तो है
उसने कहा, क्षरण एक प्रक्रिया है
सौन्दर्य का अपना

आज भी जब हवा चलती है
मुझसे लगकर
मुझे पता होता है अब यह नहीं लौटेगी
वही हवा कभी नहीं लौटती मालूम है
वह पहाड़ों या फिर नदियों की तरफ़ चली जाती है
बदलकर ही फिर लौटती है
नयी होकर नयी हवा

वह फिर भी कहता है
कुछ भी नहीं मरता इस सृष्टि में

रूप बदल लेता है
काया बदल जाती है
दु:ख वैसे ही रहता है
दृढ़ अपने सौन्दर्य में

हवा संग वही लौटता है
बहता हवा-सा
पत्तों संग वही होता है उसके झरने में उसकी गति बन
फिर मरना याद रहता है अपना भी
जीवन की अच्छी यादों में शुमार होकर।

पारदर्शी आसमान

शीशे जैसे आसमान से जैसे उतर आयी थी शाम आज
हर पेड़ हर मकान पर ज़ाहिर होती

अक्सर सितम्बर की शामें
ऐसी ही होती हैं इस शहर में

हल्के गुलाबी दुपट्टे में लिपटी
इक लड़की ने पहन रखी थी अजीब-सी एक फीकी मुस्कान
उसके लिए धीरे-धीरे प्रेम के मानी बदल गये थे
वह इस आसमान को बहुत चाहती है अब
जिसके पार भी वह देख सकती है

एक शाम का रिश्ता
शीशे जैसे आसमान से क्या हो सकता है आख़िर
बल्कि एक लड़की का पारदर्शिता से
एक फीकी मुस्कान का काइनात से
चीज़ों का अपने आर-पार से!

लहरों संग

किन्हीं शाख़ों पर ठहरी है सुबह
आसमान लाल होने के पहलेवाले रंग में सना है
सूरज मेरे भीतर ही रुका हुआ है
वहीं चाँद भी दुबका हुआ कहीं
सारी सृष्टि भीतर ही है
इसके बाहर क्या हो सकता है सोचती हूँ

यह ठण्ड किधर से आती है मगर
यह सिहरन कहाँ से उठ रही है
कौन सी वह धड़कन है जो सुनायी देती है
और किसकी
कोई और काइनात है जो मुझ तक आती है
छूटी हुई अपनी ही साँस पहले कभी थी
किसी और समय की

चाहती हूँ ढेर सारा द्रव्य रहे नेह का हर सिम्त
जी सकूँ कहीं भी
कोई भय निगले नहीं
कोई दूसरा लोक ख़ुद में मिला न ले मुझे
जिन नदियों को चाहती रही हूँ
जिस समुद्र को सौंपा अपना सब कुछ
उन्हें छोड़ आज भी कहीं और जाने का जी नहीं

सुबह उतर आयी है शाख़ों से नीचे
अपने हल्के लाल रंग लिये
इसी में रहना चाहती हूँ अभी
इसी उदास देह में
इसकी इन्हीं लहरों संग
जो चलती रहती हैं हवा की तरह पानी पर।

चाँद कहीं और होगा

जब तक जल ठहरा हुआ है
जब तक हवा रुकी हुई है
जब तक हम अधीर हैं
प्रेम है हमारे लिए इस वनस्पति में

उसे पाने के लिए छोड़ना होगा अपना पुराना साम्राज्य
समाप्त करना होगा आधिपत्य
सारे मनुष्यों और जीवों पर
जो प्रासाद हमने बनाये
दूसरों के घर उजाड़कर
उनकी खाल खींचकर जो वस्त्र हमने बनाये अपने लिए
जिनका दमन किया हमने क्रूरता से
जिनके श्रम का अन्न हमने हथियाये
हमें छोड़ना होगा

नग्न होना होगा एक बार
ठण्डी हवा में
देह खोलना होगा
जैसे रहते हैं हिरण, बाघ, श्रीगाल जंगल में
आधी रात में चाँद से कहना होगा हम तुम्हारा ही हिस्सा हैं

हम जानते ही हैं

हवा रुकती नहीं देर तक
जल रोकता नहीं अपना प्रवाह अनन्त काल तक
और प्रेम भी कब रुकता है किसी के लिए!

यह एक रुपहली दोपहर है आज कार्तिक मास की
कुआर में ही लौटेगी अब हज़ार वर्ष बाद
याद रखना झींगुरों की आवाज़ की तरह लौटेगी
दादुरों की टर्र-टर्र की तर्ज़ पर
तब हम और तुम नहीं होंगे
हमारी याद भी नहीं होगी कहीं बची
मेंढकों और झींगुरों की आवाज़ों में भी नहीं
उनकी अपनी आवाज़ें होंगी तब
कोई दूसरी ही बातें होंगी
किसी और तरह का आलिंगन
दूसरी तरह का सम्भोग होगा इस ब्रह्माण्ड में

सृष्टि की कोई और लहर
आ और जा रही होगी समुद्र में
उसका रंग ज़रूरी नहीं लाल हो
और आसमान का नीला तब

चाँद भी कहीं और होगा
और हमारे चुम्बनों के स्वाद कुछ और तरह के
किन्हीं और होंठों पर टिके

पृथ्वी कैसी होगी तब कह नहीं सकती!
मगर होगी मनुष्यों की नियति पर अफ़सोस करती हुई ही।

दो मनुष्य

रात चूमती है दिन का चेहरा
मिटा देती है सारे द्वन्द्ध
फूल पर तितलियाँ आकर बैठती हैं
सुस्ताती हैं इस दोपहर
उसके तापमान को सोखतीं उनकी चमकती आँखें
लाल हो जाती हैं पल भर में

हवा मिलाती है कितनी ख़ुशबुओं को एक में
बनाती दिन को ख़ुशनुमा
वह भी आता है
प्रेम में दीक्षित हो
स्त्री को देखता हुआ दूसरी निगाह से
नकार को एक तरफ़ रखकर
घृणा को उतारकर
सहज आता है वह करुणा की तरफ़

इस समय रात हुआ चाहती है
दिखती है ख़ुद पर झुकी हुई
वह मुस्कुराता है रहस्यमय ढंग से
इस दृश्य को देखती हैं घर को लौटती चिड़ियाँ
फूल और तितलियाँ देखती हैं
सृष्टि भूल जाती है
अपनी रहस्यमयता

तभी हम मिलते हैं
सहज जैसे दो मनुष्य
खोजते रहे हों जो जाने कब से अपनी मनुष्यता।

बचे रहना

ऐसी ही ठण्डी हवा चलती रहे
जीती रहूँ ऐसे ही सुखी
कौन चाहेगा यह तादात्म्य टूटे
हवा और स्त्री के बीच का

चलती रहे ऐसे ही ठण्डी हवा
साँसों में समायी जैसे वही साँस हो
वही जो चल रही है जैसे यह धरा
शीशम अपने पत्तों संग ऐसे ही बजता रहे

ऐसे ही हवा संगीत बनती रहे
नीम, अमलतास और गुलर
अपने विलक्षण फूल और फल यूँ ही सौंपते रहें
मेरे प्राणों में भरती रहे ऐसे ही जीवन के लिए वासना
कौतूहल ऐसे ही हृदय को दिलासा दे
सब कुछ नहीं गया
अभी रात है बची
अभी और भी दिन हैं हवाओं वाले
कोयल है अभी
उसकी कूक भी
तानाशाह हैं अभी
तमाम ख़राबियाँ भी
अभी अच्छे के लिए बचे रहने का एक तुक भी है बचा।

एक स्त्री

मरती हैं सभ्यताएँ
भाषाएँ भी मर जाती हैं
अलबत्ता इतिहास भी
अपने अवशेष छोड़कर

स्त्री नहीं मरती
ना जीवन की वासना
वह उठाती है हर बार खरपात
पत्थर, कंकर चुनती है वह
शुरू करती है फिर एक काम
चिरकाल से जो वह करती रही है
करती हुई अब तक नहीं थकी
रचने लगती है जीवन
विचार करने लगती है
कैसा हो इस बार का यह उपक्रम
कैसा, किन जीवों के लिए कितनी करुणा होगी यथोचित
हर बार की तरह इस बार भी वह सफल होना चाहती है

सोचती है इस बार कैसी होगी मनुष्यों की नियति
यह धरती कितने दु:ख उठायेगी इस बार फिर
सोचती हुई वह चढ़ाती है मिट्‌ठी की हाँड़ी आग पर
फिर चलाने लगती है उसके भीतर के ख़ालीपन को
अनन्त के शून्य को वह मथने लगती है...

मनुष्यता

एक प्रेम में ही थे कई और प्रेम
एक हृदय में उतने ही कोष्ठ
एक वृक्ष में लगते हैं कितने फल
एक पत्ते के हरे के अलावा और कितने रंग
कितनी-कितनी बातों में होती है कोई एक बात
जिसके समझ में आने के बाद सब कुछ बदल जाता है
आज की शाम को ही लें
कई मायनों में यह एक अकेली शाम है
जिसमें ठीक से बैठी कोई स्त्री लिख रही है कविता
उसके आसपास न कोई देवता है
न पूर्वज
न कोई पुरुष
न दूसरा कोई मनुष्य
मगर
मनुष्यता ही है
जिसके बिना कहाँ कुछ भी है ठहरता।

ग़लतफ़हमी

आख़िर अपना हृदय चीरकर मैंने दिखा दिया
उसे ग़लतफ़हमी थी वहाँ कोई दूसरा है
मगर यहाँ सिर्फ़ नदिया हैं बर्फ़ की सफ़ेदी लिये
मन्द-मन्द हवा है, मस्त एक बेसुधी है
कोने में पड़ी टूटी हुई एक रात
एक साँझ बेशक अब तक बची हुई
जिसके बाद फिर ठीक से कभी रात नहीं हुई

उसे आश्चर्य है कि इस टूट-फूट में भी वह कहीं नहीं
न कोई और
एक स्त्री के हृदय में और होता भी क्या है
आगे-पीछे, अगल-बग़ल पितृसत्ता की पक्की गालियाँ होती हैं
और बाड़े

दिल में तो बस बयार होती है
उसी से वह बची रहती है, ख़ुशी से पागल होती रहती है

उसे ग़लतफ़हमी रही होगी
वह वहाँ होगा या फिर कोई दूसरा
उसने सपने में भी नहीं सोचा था वहाँ
एक नदी होगी
और उसकी रफ़्तार।

एक ख़राब नींद

यह एक वहसीपन है
एक पागलपन
विक्षिप्त एक जीवन
एक अकेली औरत उदास नहीं
चुपचाप है
उदास नहीं
एक ख़राब नींद में है बेशक
एक ख़्वाब में क़ैद

एक बीमार औरत
अकेलेपन से नहीं
लोगों की नफ़रत से ऊबी
चलती गयी है उधर
उस नींद में
जिधर सारी ख़राबियाँ हैं
जहाँ अच्छा कुछ भी नहीं उसके लिए

अभी ही उठी है वह
हाथ-मुँह धो रही है
उस क़ैद से निकलने की सोच रही है
जिसे स्वप्न कहा गया था
जीवन का स्वप्न

बाहर धूप खिली हुई है
सब कुछ ठीक लग रहा है अभी

फिर क्यों यह झिलमिल अकेलापन
ज्यों भीतरी कोई पागलपन
मौत के इन्तज़ार में रलमल
चुपचाप भीतर
साँस रोके जैसे कोई प्राचीन मन!

दारुण समय

अभी तक तिलिस्म टूटा नहीं
रात का विस्मय ज्यों का त्यों
सुबह होने को है
पौ फट चुकी है
हवा देह से अब भी लिपटी है
प्रेम उसी के आलिंगन में
अलसायी थिरायी शिथिल

सोचती हूँ यह रात का असर है
अब तक बचा हुआ
या प्रेम सचमुच आया था
मेरे लिए
और मैंने नींद में ही स्वीकारा था उसे

उषा अपनी लाल रोशनी में कितनी मादक लग रही है
रोशनी की भी शायद कोई सुगन्ध होती है
जो हिरनी की नाभी में जाने कैसे जा छिपती है
अभी कोई एक राग उमगा है
कहीं कोई मालकौंस हवा में घोल रहा है

उठना ही होगा
जागना

दिन पूरी तरह निकल आया है अब
अब जो कुछ हुआ उसे याद रखना होगा
प्रेम की सिहरन को बचाये रहना होगा

यह एक दारुण समय है
यह घृणा का समय है।

काठ की स्त्री

आज पत्तों का गिरना नहीं रुका
बरामदे में रखी कुर्सी देखती रही
चिड़ियों का आना-जाना
बस शाम हो आयी है
मन को जो दुखाती रही थी बात
वही वहाँ रुकी रही

दु:ख हुआ
बारिश के पानी का जैसे गिरना नहीं हुआ

रात होने को आयी
पत्तों का गिरना सुनायी देता है
किसी का दिया गया दग़ा भूले नहीं भूलता

कल इन्तज़ार करूँगी
चिड़िया का
बरामदे में बैठूँगी उस कुर्सी पर
जो किसी मनुष्य के आने से ज़्यादा बारिश की राह देखती है

वह एक काठ की स्त्री है
वह ऐसे ही काठ नहीं हुई।

यह क्या

आजकल प्रकृति की ओर थी एक स्त्री
पेड़ों की ओर
उन लताओं के समीप
जिन्हें लिपटना आता है
आलिंगन में ठहरना
तभी गोली चलने की आवाज़ आती है
वह मुड़ती है
और देखती है ढेर सारा ख़ून
लाल इन्सान का ही ख़ून
फिर और ख़ून
आवाज़ें और भी गोली चलने की
हतप्रभ वह पूछती है
यह क्या प्रकृति?
कहाँ गयी मनुष्यों के लिए अर्जित तुम्हारी करुणा
मनुष्य मनुष्यों को क्यों नष्ट कर रहे हैं?

कोई बिलखता है

दरअसल यह दुनिया एक उदास जगह है अभी
जैसे कोई उदास रात बदहवास किन्हीं ख़तरों से घिरी
चाँद-तारों से भरी
मगर उदास
एक रात

एक घबराया-सा समय है यह
तानाशाहों और युद्धों से काँपता
प्रेम में सशंकित बीतता जाता
ज्यों ख़ाली दिल की कोई भीतरी आह

मैं बाहर हूँ, बहुत बाहर इन सबसे
जैसे इस दुनिया में नहीं
न इस रात में

मेरी कविता मेरी जगह है बल्कि
रफ़्ता-रफ़्ता हर चीज़ को बदलती
भरती एक वेग से हर शै को

कौन किसको चाहता है अभी
कौन मर जाने को आसान सुलह समझता है
कौन मिल जाये किसी को अभी

ख़ुद से जैसे मिलना हो जाये
ख़ुबसूरत-सी कोई बात कह दे जो
और इस दुनिया का कुछ हो जाये

कोई सोचता है
और बिलखता है।

फ़िलिस्तीन एक जगह है

कभी-कभी लगता है
यह अन्तहीन है
यह अन्याय का सिलसिला
एक तरफ़ से ढकती है कोई चादर
उघड़ जाता है शरीर का दूसरा हिस्सा
आधा लटका-सा दिखता रहता है चाँद
मुड़ी हुई दिखती है पृथ्वी
इतने बच्चे मर रहे हैं कि लगता है
ख़ाली ही हो जायेगी सृष्टि

कल जो फ़िलिस्तीन था
आज एक उजाड़ है
गिराये गये बमों और मौतों का एक
ऊबड़-खाबड़ मैदान
एक बच्चा रोता है चूमता हुआ पिता की क़ब्र पर लगी तस्वीर को
वह माँ के सँभाले नहीं सँभलता
वह क़ब्रगाह को नहीं छोड़ना चाहता
एक फ़िलिस्तीनी स्त्री को नहीं समझ आता कुछ भी
वह कैसे समझाये अपने बच्चे को
कि दरअसल क्या हो रहा है
उसका अच्छा-ख़ासा दिमाग़ ख़राब हो गया है
वह कहे जा रही है हवा ही ठीक नहीं बहती
बारूद की जाने क्यों गन्ध आ रही है

देह सड़ने की बदबू आख़िर किधर से उठ रही है
उसके ठीक बग़ल का मकान जबकि मिसाइल से गिरा दिया गया है
उसमें दबकर कितने ही लोग वहीं थीर हो गये हैं
वह वहीं खड़ी खुले आसमान से कर रही है उम्मीद छत की
कोई दूसरी छत अब बची नहीं है

लो, अब फिर शुरू हो गयी है बमबारी
चाँद निढाल-सा पृथ्वी के सूखे होंठों पर आ टिका है
सब कुछ रुक-सा गया है मौत के सिवाय
जिसकी बारिश हो रही है

लगता है
बड़े तूफ़ान की बारी है इसके बाद
बड़ी तबाही का अन्देशा
समुद्र के अशान्त होने का समय
भी आ ही गया है

रोता हुआ बच्चा फिर भी बस चाहता है
उसका पिता किसी तरह लौट आये
उसके माथे को चूमे पहले की ही तरह
और उसे गोद में उठा ले।

सुहेर हम्माद

मैं जन्मी ही थी
एक दु:ख को किसी बड़े दु:ख में
बदलते देखने के लिए

मैं एक कीमियागर थी
जन्म से ही जानती रसायन दु:ख का
मैं उस फ़िलिस्तीनी लड़की को भी जानती थी
बाद में जिसने कविताएँ लिखीं
जिसका नाम लोगों ने सुहेर हम्माद रखा

मैं समुद्र की वह लहर थी
जो अब तक उठती-गिरती है
अपने फेन और नमकीन स्वाद में
महसूस करती हुई दर्द बेघरपन का

मैं एक देश थी
जिसका वजूद एक समय सहरा था
बाद में जिसके कई टुकड़े किये गये
कई दु:खों में वह बँटा
एक उसमें फ़िलिस्तीन हुआ

मैं इस टुकड़े का एक ज़र्रा, सुहेर हम्माद
उठाती हूँ आजकल कविता में
अपने देश में बिखरी बच्चों की अस्थियाँ।

कहाँ मेरा वतन

कल मेरा मन दुख रहा था
कल ही इस दु:ख का हज़ारवाँ वर्ष था
कल ही मेरी बेटियाँ मारी गयी थीं
मेरे बेटे युद्ध में भेज दिये गये थे

कल के ही दिन
हज़ार वर्ष पूर्व मैं ज़ार-ज़ार रोयी थी
उन्हें पीछे मुड़कर मुझे देखने की भी मनाही थी
एक अभी पूरी तरह दस वर्ष का भी नहीं हुआ था
कल ही के दिन मैंने तय किया था पितृसत्ता से लड़ूँगी
और लड़ती हूँ आज भी

किसी शोभायात्रा में शामिल नहीं होती
जिसमें युद्ध का यशोगान होता हो
उस सभा में भी नहीं जाती
जिसमें शासकों के शौर्य का बखान होता हो
बल्कि एक दूसरे युद्ध में ख़ुद भी शामिल रही हूँ
शान्ति चाहती हूँ
कितनी रातों से जागी हूँ
कितने ही कोस चल चुकी हूँ
भूखी-प्यासी हूँ

मैं चल रही हूँ इसी तरह थकी

हवा संग
नदियों को लाँघती
पहाड़ों पर चढ़ती

मैं कितने ही पहाड़ पार कर चुकी हूँ
सोचती रहती हूँ
मैं कहाँ हूँ अभी
कहाँ है मेरा अपना वतन।

अभी जो हो रहा है

अभी जो हो रहा है यहाँ
दिन के इस पहर
घनी होती घृणाओं के मध्य
क्या काइनात में कहीं और घटित हो रहा
क्या इतने ही धीर हैं लोग दूसरी जगहों पर
चश्मदीद गवाह किन्हीं चुप्पियों में क़ैद
या बेक़ाबू अपनी नाराज़गी में
चाहते जो पृथ्वी ही क्यों नहीं हो जाती नष्ट

हम जानते हैं मगर
उजड़ने से पहले पृथ्वी
अपने को बहाल कर लेती है दोबारा।

आज का दुःख

आज के दिन
हमारे पास क्या कहने को कुछ ऐसा है
जिसे सुन गिलहरियाँ प्रसन्न हो जायें
मगर इन्तज़ार में वे खा न जायें तुलसी के सारे मोजर
कूद-फाँद करती हुई नष्ट न करें उद्यान
आज के दिन हमारे पास क्या है
उल्लसित होते भ्रम
कि धरती कभी नष्ट न होगी
कि प्रेम बचा रहेगा इसके हृदय में
अपने असंख्य जीवों के लिए

आज के दिन कौन सा दुःख है
जो साठ ग्रीष्म बाद भी टीसता है
किस सदी में हैं हम?
जहाँ से नदियाँ जा चुकी हैं
गिलहरियाँ तुलसी के मोजर में
रुचि नहीं दिखातीं जब।

होने की याद

स्त्री होने की थीं इतनी स्मृतियाँ
कि सोचती हूँ इससे ज़रा बाहर निकलूँ
कुछ और हो लूँ
कुछ और होऊँ

इस वृत्त को लाँघ जाऊँ
फिर देखती हूँ भीतर पड़ी अपनी बेशुमार सम्पदा
अपनी देह को देखती हूँ
अपना आनन्द याद आता है
जब आम के बाग़ में सैर के लिए गयी
सुबह की ताज़ी हवा आ लिपटी थी मुझसे
बेतहाशा चूमती मुझे
मेरे अंग-अंग जब जाग उठे थे
एक नदी भीतर बहने लगी थी
ठहरी हुई लहरों, तरंगों से भरी

मुझे याद आये मेरे असंख्य बच्चे
बेटे-बेटियाँ
मुझे अपनी भी याद आयी
और वह वादा जो मैंने इस संसार से किया था
कि इसे बदल दूँगी एक दूसरी दुनिया में

और फिर मेरे ही संघर्ष लौटा लाये मुझे
उस घर में जिसे मैं फिर से बनाना चाहती रही हूँ

जाने कब से।

सात सखियाँ

सात सखियाँ माने सात सखियाँ
अपनी काया में कनक समान
साँवली किसी शाम-सी
चली आयी थीं भाषा, उसके व्याकरण से बाहर
ढूँढ़ती नये शब्द
औचक्की मैं मदद करने में नाकाम
अपने हृदय से उन्हें लगा लेना चाहती थी
अपनी धुकधुकी में समोना उन्हें
वे आगे बढ़ गयीं अठखेलियाँ करती

मुड़कर हँसते हुए कहा एक ने
"पहचान पायी क्या—
मैं एक साँझ थी पहले"
दूसरी ने कहा, "मैं उसकी शीतलता"
तीसरी ने भी कुछ कहा, शायद 'उन्मुक्तता या फिर उन्मादी'
सबने मिलकर कहा, "अब हम अपने प्राचीन अर्थों से बाहर हैं
बूझो हम कौन हैं?"

मैंने कहा, "नये अर्थों में तुम सब ख़ूब हो
सचमुच ख़ूब
बल्कि बहुत ख़ूब"

सोचती हूँ सात सखियाँ किधर हैं अब
उन्हीं संग तो मेरा भी बसर होना था
वैसी ही हँसी मैं चाहती हूँ ख़ुद के लिए
और वैसा ही दहर सबके लिए

सात सखियाँ माने सात सखियाँ
व्याकरण से बाहर
मुझसे टकरा गयीं
कैसी बालाएँ, क्या आफ़त थीं
कैसी बारिश हुई उनके जाने के बाद
मौसम ही जैसे बदल गया

क्या से क्या नहीं हो गया
एक दूसरी दुनिया जैसे झाँकने लगी
एक नयी रोशनी जग पर तारी हुई

पुरानी भाषा में जीना अब लगभग दुष्कर हो गया।

विस्मय का हिस्सा

क्या मिला उन्हें जिन्होंने
स्त्री की देह को दाग़ा
सोचकर इससे वह डर जायेगी
वह मर जायेगी
आत्महत्या कर लेगी
क्या सोचा था उन्होंने
उसे निर्वस्त्र करके
उसे गलियों, मोहल्लों में ऐसे ही घुमाकर
कि वह डर जायेगी
वह शर्म से मर जायेगी, और
बच गयी तो आत्महत्या कर लेगी

मगर वह तो मरेगी नहीं
वह तो चम्पा की डाल है
कात्यायनी की कविता में अमर
वह तालाब को जानती है
पहाड़ को भी
हत्यारों को जानती है वह
हवा की थोड़ी नमी में भी जीवित रह सकती है
उसे पता है
रात के विस्मय की तरह वह सबकी आँखों में बसी होती है
समय मिलते ही जवाकुसुम की तरह खिल जाती है
पहाड़ उसके अपने हैं

मिट्टी उसे न जाने कब से जानती है
हर तरह की सत्ताएँ उससे ख़ौफ़ज़दा रही हैं
वह कोमल मन की पत्ती
पेड़ों को अपना असली प्रेमी मानती है

रात में वह उसका रंग बन
काली हो जाती है
उसे पहचानना मुश्किल है ज़रा
उसे मिटाना नामुमकिन

पेड़ काट सकते हैं आततायी
पहाड़ को बाँट सकते हैं
उसकी रात नहीं छीन सकते
न काला रंग मिटा सकते हैं
तारों का जाल नहीं चुरा सकते हैं वे
अलबत्ता उसके विस्मय का हिस्सा
ज़रूर बन सकते हैं।

मैं नयी होती हूँ

लो अपनी ही देह उठाती हूँ
गिरी अपनी ही मिट्टी सानती हूँ
अपने अन्तस्थल के जल से
पोंछती हूँ अपने आँसू
अपनी एक दूसरी प्रति गढ़ती हूँ
मैं नयी होती हूँ

मुझे देखती है प्रकृति
प्रसन्न होती है
तभी मैं सोचती हूँ
उससे अधिक किसको कहूँ अपना
जो जानती है मृत्यु के भेद को
और उतना ही इस जीवन को भी
नयी मैं उससे ही सीखती हूँ
बार-बार नया होना
जन्म लेना

आज हवा तेज़ है
नहीं तो मैं सैर पे जाती
घण्टों बाद लौटती और ख़ुशी से सो जाती

सुबह का उजाला नयी किरणों का एक जाल होगा
उसमें सारी बातें होंगी नयी
यातानाएँ भी।

स्त्री के प्रेम का रहस्य

वह कहता है
वह कुछ नहीं जानता
उसे किसी पक्षी ने आकर बताया है–
“नदी के पास जाओ
पानी में पाँव डुबाओ
प्रेम करो किसी स्त्री से
उसका रहस्य जानो
तुम जानना चाहते हो यदि काइनात को
उसके ताप को”

कोई है जो कहता है
सब कुछ रहस्यमय है
पहाड़, पत्थर, पेड़, चिड़िया
कविता की कोई एक पंक्ति
अन्धकार में डूबा यह शहर
ऊपर तारों का जाल
सब में रहस्य है एक उसी का
स्त्री के प्रेम का।

प्यास

अभी मैं एक प्यास में उतरी हुई हूँ
किसी रेगिस्तान में चल रही हूँ
एक हताश करता धूसर पीला रंग दूर-दूर तक है पसरा
हर तरफ़ रेत है और उसकी अपनी प्यास भी

इस पल मैं चाहती हूँ पानी
हरियाली, पूरी वनस्पति चाहती हूँ
मगर प्यास बढ़ती जाती है
तीव्र से तिव्रतर होती
आसमान-सी गहरी, विस्तृत प्यास

अभी दिन का उजाला है
गरम, इतना गरम
की उम्मीद टूटती-सी लगती है

कोई चला आ रहा है इसी में
ख़ुद भी प्यासा
खोजता पानी
कहता–दो कोस पर एक नहर है मीठे जल वाली
आओ साथ चलें

अभी नहीं मालूम किसकी कितनी प्यास है
कौन अधिक प्यासा
मिटने के कगार पर!

दूसरी पृथ्वी

यह शाम जाने को है
एक समय दूसरे में समाने को है
इस प्रक्रिया में कितना कुछ बदल जायेगा
पत्थरों-पहाड़ों की कन्दराओं में
छिपे-बैठे कितने ही कीट
अपनी आवाज़ें तेज़ कर रहे हैं
उमस बढ़ रही है
बारिश होगी
उसके बाद आसमान साफ़ हो जायेगा
पिछला सब कुछ धुल जायेगा
लेकिन ऐसा नहीं भी होगा

एक गन्ध उठेगी वनस्पतियों से
एक साँस वापस लौटेगी
पृथ्वी को अवसर मिलेगा अपनी धुरी पर थोड़ा तेज़ घूमने का

एक दूसरी पृथ्वी अपने चाँद संग
उभर आयेगी
हमें मौक़ा होगा वहाँ रहने का

उस चाँद को अपना कहने का।

ईश्वर

सूरज की ढलती किरणों जैसा दिखा ईश्वर
दुनिया के अकेले लोगों को आज
आज का दिन विशेष था
ऐसे लोगों के लिए एक नया सन्देश था उसके पास
कहा—फूलों, पौधों, चिड़ियों को देखो
तुम्हें लगेगा तुम अकेले नहीं हो
वे भी तुम्हारे हैं
तुम उन्हें पानी देते हो
दाना देते हो
वे पराये नहीं

सुबह-सुबह कितने ही पक्षी अपनी आवाज़ से तुम्हें जगाते हैं
हवा तुम्हारी खिड़की से आकर तुम्हारे सपनों में भर जाती है
तुम्हारे साँसों को बचाये रखती है
तुम्हारे पड़ोस के बच्चे तुम्हारे ही हैं, हमारे भी
वे ग़रीब हो सकते हैं
वे हैं मेरे-तुम्हारे

पहाड़ की तरफ़ देखो
देखो उनकी विराटता में
ऊपर नीले रंग का आसमान आख़िर
दिन-रात तना क्योंकर रहता है
और इतने सारे तारे!

किसके लिए यूँ जगमगाते हैं रात-रात भर

तुम जानते ही हो
तुम्हारी सबसे अपनी है रात ही
है इसके लिहाफ़ में रहो कुछ देर
और सपना देखो
यह संसार सुन्दर जगह है

हम कल फिर मिलेंगे
पौ फटने वाले प्रकाश में मिला होगा मेरा वजूद
वैसे मनुष्य का अकेलापन भी क्या मैं ही नहीं
मैं ईश्वर हूँ
सब कुछ हूँ और कुछ भी नहीं

तुम्हारा दुःख, उसकी शाश्वतता
मैं ही हूँ
क्या यह तुम्हें पता नहीं
मैं भी रोता हूँ तुम्हारे लिए
तुम्हारे साथ
मैं कभी अकेला नहीं
मैं नहीं जानता अकेलेपन को
उसके वहशीपन को

मनुष्य जानते हैं
मैं मनुष्य भी हूँ
ताप झेलता ग्रीष्म का
शिशिर मास की ठण्ड में काँपता
ठिठुरता।

लीला

एक अजगर सड़क पार कर रहा है
एक ट्रक तेज़ी से उसकी तरफ़ चला आ रहा है
अजगर को समय लगेगा
वह अजगर तो एक बृहद् खोल है प्रकृति का
जिसमें ईश्वर रहता है

ट्रक एक गति है
ख़तरनाक उपस्थिति
जिसका चालक भी ईश्वर ही है

ट्रक पर लादे गये सामानों में
पेड़ों की कटी डालें भी रखी हैं
पत्तों से चिपके कीट अभी तक जीवित हैं
उनके मरने में अभी समय है
वह समय भी किसका है
उसका जो सड़क पर लेटा है
अब सरकता हुआ

वह पार कर गया
सड़क की दूसरी तरफ़ है अब
ट्रक रुका हुआ था
ईश्वर को सड़क पार करना था

जैसे हरी पत्तियों से कीटों को बिछड़ना था
ईश्वर को शौच करना है
वह ट्रक से नीचे उतर गया है

ट्रक रुका हुआ है
पास के जंगल में इस चेतन संसार का अवचेतन ठहरा हुआ है
कोई हिरण अचानक भागता हुआ निकला
जैसे कोई स्वप्न दौड़ा हो
एक बाघ अपनी मादा को जगा रहा है
उसे सम्भोग की इच्छा है
मादा अलसायी हुई है
ईश्वर चाह रहा है लीला हो

एक चीता जो पेड़ की ऊँची डाल पर चढ़ गया था
अब उतर रहा है
हाथियों का एक झुण्ड ट्रक के पास पहुँच गया है
ईश्वर भागकर ड्राइविंग सीट पर बैठ जाता है
अजगर का कुछ अता-पता नहीं है
उसी से सब शुरू हुआ था
वही अब नहीं कहीं है

यह सत्य है, एक मनुष्य कह उठता है
जो यह सब कुछ ईश्वर की आँख से देख रहा था
वह अपनी यातना भूल नहीं पा रहा
अपनी मनुष्यता को उतार फेंकने की विवशता
वह किसी को समझा नहीं पा रहा
उसे बाघ होना मंज़ूर है
चीता होना भी
मगर न वह ईश्वर बनना चाहता है न मनुष्य

न वह कोई लीला करना चाहता है
न लीला में शामिल होना

वह एक मामूली ट्रक ड्राइवर ही बना रहना चाहता था
बशर्ते उसके भीतर ईश्वर न बैठा होता

और उसका वह असली चालक न होता।

मन जंगल

आम के पुराने बाग़ों में मैंने हिरण जैसी नीलगाय देखी
प्रकृति को आराम करते देखा
उसे सुस्ताते देखा
वह थकी दिखी

गंगा किनारे
देखा सारस और हारिल को
नीलकण्ठ को उड़ते देखा
बग़ल के खेतों में लगे सरसों और अरहर
मन में समन्दर को देखा
आसमान में ऊपर बादलों में माँ दिखी
वह हरदम आसमान-सी साथ रहती है
मैं सोचती भी थी मैं जहाँ कहीं भी जाती हूँ
आसमान क्यों मेरे साथ रहता है

कुछ दिन पहले ही तो पहाड़ों में थी
उनकी ऊबड़-खाबड़ पीठ देखती रही थी
वहाँ बची वनस्पतियों की गन्ध से अब भी भरी हुई हूँ
उसे अपने फेफड़े में पाती हूँ
भीतर तक धँसी गन्ध
मादक, चित्त हरती
जब कोई नहीं पास हो तब और भी

मन अभी एक जंगल है
पास का जंगल मेरा मन

मैं उसकी छाहीं।

डुगडुगिया मछली का समय

(वन्दना टेटे के लिए)

यह समय का एक खण्ड है
इसमें एक वन है
एक संसार

यहाँ चीज़ें बदलती रहती हैं
राज्य बनते रहते हैं
ढहते रहते हैं
रात होती रहती है
बिखरती रहती है
मनुष्य और जीव भी रीतते रहते हैं
दु:ख व्याप्त रहते हैं
जीवन राग की तरह समस्त जग में
सुख किसी प्यास-सा आता-जाता रहता है

यह समय का एक खण्ड है
जिसमें अत्याचार होते रहते हैं
न्याय के लिए संघर्ष होता रहता है
कोई कभी जीतता नहीं
सभी हारते रहते हैं
बस सोचते रहते हैं

वे जीत रहे हैं
बीच-बीच में क्रान्ति भी हो जाती है
कितना कुछ तब बदल जाता है!

यह एक खण्ड-खण्ड समय है
यहाँ प्रेम द्रुत गति से बदलता है
घृणा थोड़ी ज़्यादा स्थिर रहती है
जीवन में प्राण ख़ून की तरह है
जो बहता रहता है
लोग उस पर चोट करते रहते हैं
उसे बहाते रहते हैं
वह स्त्री समान है
उसका तिरस्कार होता रहता है
वह चलती रहती है
हवा, आग और पानी की तरह
किसी दिन वह पलट भी सकती है
सब कुछ बदल सकती है
इसे समय की एक सम्भावना की तरह
मन-मस्तिष्क में चाहें तो रखें

यह एक समय खण्ड का भी छोटा-सा खण्ड है
जिसमें हवा पानी आग और रात भी उतनी ही नग्न, उतनी ही अकेली
जितने मणिपुर के कुकी आदिवासी
वहाँ की क्षत-विक्षत स्त्रियाँ,
अपनी योनि में असुरक्षित
सियासत की तलवार उन लोगों को वैसे ही बेधती है
जैसे उनकी आत्मा को नहीं जिनके हाथ में अभी शमशीर है

अभी डुगडुगिया मछली का समय है

हाथी का
बाघ और आदिवासी का
माँग रहा है जो अपना जंगल
जो किसी की तलवार से नहीं भयभीत
उसकी अपनी हँसिया, अपने नगाड़े हैं
ढोल और अपने नाच
जिनके थिरकने को देखता है आसमान
जिनकी पदचाप सुनती है पृथ्वी
आख़िर यह सभी एक ही गोल के लोग हैं।

पेड़ होना

पेड़ अपने होने की स्मृति से बाहर क्या हो सकते हैं
किसी ने कहा था समस्त संसार के जीव
दरअसल हमारे पूर्वज हैं
अपने कई जन्मों में से एक जन्म में उनका यही रूप है
हैरान हो जाओगी, वे कहते हैं
जब जानोगी पिछले जन्म में तुम क्या थी

पेड़ होना अच्छी बात है
मगर नदी के आसपास का पेड़ होना
और भी अच्छी बात
मनुष्य होने से कहीं अच्छा

मेरा दिल भर आया
अपने मनुष्य होने की याद में जाकर
पाया वहाँ प्रसन्नता कम दु:ख ही ज़्यादा थे
प्रेम कम हिंसा अधिक

सबसे पहले वहाँ एक युगल दिखा
अलग होते हुए
आँखों में जल और होंठों पर अफ़सोस धरे

एक हिरण दिखा तड़पता, धरती पर गिरा
एक शिकारी के तीर से बिंधा

एक बच्ची दिखी युद्ध में मारे गये माता-पिता से विलग
बस्तियाँ जली हुईं
टूटे हुए पुल पानी में गिरे पड़े

बस ऐसा ही बहुत कुछ और दिखता गया
वनस्पतियाँ बेहाल दिखीं
घासें अधजली
मेरी दादी कुछ बीनती हुई
अन्न के दाने शायद अपने परपौत्रों के लिए।

घास भीग रही है

मन डोलता-सा रहता है
रात हो या दोपहर
शाम में और घबराता है आजकल
अस्थिर-सा रहता है
जैसे बादल
चलता जाता अगम्य पथ की ओर

जो कुछ दिखता है आजकल
दृष्टि के वृत्त में जो आता है जाना हुआ है
मन का कोई तिरस्कृत कोना
उसठ यथार्थ जैसा
अपनी सम्भावनाओं में बंजर
निष्फल निष्प्राण निष्प्रभ

आजकल बस चाहना रहती है
भीतर परिवर्तन की एक आस
सड़कों को ठीक करना चाहता है मन
पड़ोस को सँवारना
बच्चों की पाठशाला में चाहता है ठीक-ठाक शिक्षक
लड़कियों के लिए अहिंसक समाज
यह चाहता रहता है बेहतर देश
उसका निष्कपट लीडर
लोकतन्त्र असली वाला

डोलता रहता है आशंका में आजकल मन
कहीं नष्ट न हो जाये बचा हुआ था जो भी अब तक
लो! तभी गिलहरी ने शुरू कर दी है अपनी चख़-चख़
उसी के सहारे सँभलती हूँ, उठती हूँ
और देखती हूँ आसमान काला हो रहा है
घने बादल छाये हैं
और मूसलाधार वर्षा शुरू हो गयी है
एक बिल्ली सामने टीन की छत के नीचे
दुबकी ख़ुद को बचाये हुए है
एक कौवा पंख फैलाकर पानी का आनन्द ले रहा है
एक गाय मैदान में सामने खड़ी-खड़ी भीग रही है
उसका बछड़ा भी बग़ल में भीग रहा है
बादल गरज रहे
और पानी गिर रहा है
पेड़ चुपचाप नहा रहे हैं अपनी जगह
घास भी भीग रही है

इस संसार में मन के घबराने के कितने कारण हैं
कितनी आशंकाएँ मन की अव्यवस्था से जुड़ी हुईं।

गणिका

वह सोचती रही हवा की रफ़्तार पर कल
पेड़ों से छनकर आती धूप को देखती रही देर तक
सोचती रही यह कैसी आवाज़ है
जो पत्तों से होकर आती है कहती हुई सी
तुम्हें गणिका किसने बनाया

यह सच है जंगल हमें भीरु या फिर निर्भीक बना सकता है
हमारी आत्मा की परीक्षा ले सकता है
हमें जीवन-पथ से भटका सकता है
अपना अँधेरा हममें भर सकता है
मगर हमें पथभ्रष्ट नहीं कर सकता
बल्कि वह हमें अपनी गहराई में उतरने का निमन्त्रण देता है
हमें गणिका नहीं बना सकता

यह तो मनुष्यों की बनायी व्यवस्था में ही सम्भव है
मनुष्यों को दास बनाने वाली प्रविधि का ही परिणाम
याद है न पूरी की पूरी पराजित क़ौम को कैसे ग़ुलाम बना दिया जाता था
स्त्रियों को खुले बाज़ार में बेचा जाता था
उन्होंने कब ख़ुद को बेचना चाहा

किसने उन्हें गणिका बनाया।

पुनर्जन्म की इच्छा

किसी की राह तकती हैं दो आँखें
किसी की बातें याद करती हैं ये रातें
किसी के जिस्म पर ठहरी हुई है
अब तक कोई गरम हवा
कोई नदी रुकी हुई है सोचकर
चाँद उतरेगा लिये
पिछली सदी के सारे घाव

किसी की पलकें थक गयी हैं
पुतलियाँ खिसक गयी हैं
इन्तज़ार ही बस बचा हुआ है
प्रेम में होता और करुण

साँझ उतर आयी है पेड़ों के बहुत पास
अभी पृथ्वी पर कुछ और होना बाक़ी है
पत्तों का पत्तों संग
फूलों का भँवरों संग
समुद्र का लहरों संग
सम्भोग बाक़ी है

और चाँद-तारों का एक होना भी
बाक़ी है
आकाशगंगाओं में विचरती पुनर्जन्म की अपनी ही इच्छा बाक़ी है।

सूत को बचाये रखना

इस मृत्यु समय में
इतने दूर तुम
बस एक सूत से बँधे
कितनी दूर हम

कह नहीं सकती धागा खींचो
पतंग को उतारो नीचे
या फिर ले जाओ बहुत ऊपर
ठहरे रहो अभी कुछ देर
अभी शून्य में है जीवन
सूत ज़िन्दगी और मौत दोनों से है अहम
कहती हूँ मत तोड़ना इसे अभी
सारी यातना की चमक इसी में है समायी
यहीं पर है कहीं ठहरा धरती का दूसरा चाँद भी।

उसका आना

मिलने की एक अनाम ख़ुशी
हवा को बदल रही है
उसकी अपनी कोई ख़ुशबू ख़ुद में मचल रही है
वह एक गन्ध में गिरफ़्तार है
उसकी देह से होती हुई जो इधर आ रही है
उसे याद नहीं था यह गन्ध उसके भीतर बची रही थी
अब उससे ऐसे ही मिलना होता है
उसकी गन्ध से उसे पहचान लेती हूँ
वह इसी तरह अब आ सकता है

आजकल उसकी पीठ ही सिर्फ़ दिखती है
वह कहीं चला गया है
आज उससे मिलने का वादा है
आज शाम कुछ पहले आयेगी
पक्षी पहले लौटेंगे अपने बसेरों में
हवा शनैः-शनैः बहेगी
उसी से होकर तो उसकी नाव आयेगी

यक़ीन नहीं होता
मगर हरसिंगार के पेड़ ने कहा है
वह आता ही होगा।

तारों की बातें

(मेधा और दिव्या के लिए)

तुम्हें क्या दे सकती हूँ
मेरे पास अपने होने का यथार्थ भर है
उसका बोध दे सकती हूँ
एक माँ अपनी बेटियों को इससे अधिक और क्या दे सकती है

क्या कहा तुम दोनों ने
"यही चाहिए तुम्हें—
स्त्री होने का वैभव"

फिर तो इस नफ़रत-भरे संसार में जी लोगी तुम दीप्त एक जीवन
लिख लोगी अपनी कविताएँ
अपनी चित्रकला साध लोगी तुम
तुम्हारे आसपास हमेशा रहा करेंगे पेड़
एक महुए का जंगल तुम्हारे प्रेम में गिरायेगा अपने फूल-फल
उनकी महक से गुंजार रहेगा रात और दिन
तुम्हारे जीवन में आयेंगे वे लोग
जिन्हें प्यार करना आता होगा
तुम्हें जानने-सुनने को उत्सुक होंगे जो
बेतुकी हिंसा से बच जाओगी
रचोगी प्रेम और भाषा का नया संसार भी

तुम्हें क्या दे सकती है तुम्हारी माँ
अपने आँसू नहीं
नहीं ही अपने हास
गहने, कपड़े-लत्ते नहीं
तुम्हें तारों से भरी एक रात दे सकती है

और वे सारी बातें जो उनसे की गयीं।

नाचीज़

अभी-अभी चाँद जैसे गगन में सफ़ेद फूल की तरह खिला था
अभी ही उसके दिल में हुक-सी उठी थी
कौन थे वे लोग जो मेरे थे
जैसे मेरी माँ किसकी लुगाई थी
मेरे भाई-बहन भी तो होंगे
कहाँ हैं सभी
फिर उसे लगा जैसे चाँद ही सबसे अपना है उसका
ख़ुद से कहता वह भी तो अकेला है
सारे आकाश में अकेला

एक दिन वह फिर विह्वल हुआ
क्यों घास-पात जैसे जीवन जीने वालों के नाम चन्दर रख देता है कोई
क्यों उसे जीने का मुश्किल काम सौंप देता है
और ख़ुद अदृश्य हो जाता है

एक दिन घास पर हाथ फेरता हुआ सोचने लगा
कितनी सुन्दर है यह नाचीज़
मेरी ही तरह
चलो अपना नाम आज से सुन्दर रख लेता हूँ
सामने खेलते अनाथ बच्चों की टोली को
इसी ख़ुशी में जलेबी खिलाता हूँ।

बेज़ार

ख़ुद से कितनी दूर
बेज़ार
रात की किनारी से लगी
छोड़ती है शाम का आँचल वह
और चली जाती है उधर
जिधर चन्द्रमा ज़्यादा झुका है
बेख़बर इस बात से कौन इसकी रोशनी से इतना लगा हुआ है
कौन उसके बग़ैर अब तक मर गया होता

किसी के घर से रेडियो पर तलत महमूद की आवाज़ आ रही है–
ऐ ग़म-ए-दिल क्या करूँ, ऐ वहशत-ए-दिल क्या करूँ
सोचती है वह कौन है जो उसी की तरह
अब तक जगा हुआ है
कौन जो रात के पार जा रहा है
ख़ुद को पाने से कौन कतरा नहीं रहा है?

कौन, कल के लिए जिसके पास कुछ न बचा है?

मंज़ूर नहीं

कहना मुश्किल था
मैं पानी में थी या पानी मुझमें
किसी अनजान-सी रोशनी का थी हिस्सा मैं
या रोशनी मेरी
कह नहीं सकती
वैसे इतना गड्ड-मड्ड नहीं था सब कुछ
जितना मैं बता रही हूँ

मैं बस यही कहना चाहती हूँ
कविता मेरे भीतर है या मैं उसके
भीतर वही मिलती है
जब भी ख़ुद को टटोलती हूँ
मुझे भ्रम-सा होने लगा है
हम दोनों कहीं एक ही तो नहीं
डर लगता है किसी वजह यदि हम अलग हुए
तो चीर दी जाऊँगी
कितना घातक है यह एकाकार
ज़रूर एक खला उतरेगी कहीं से
हमें सुन्न कर देगी
हमारा भेद खुल जायेगा
हमारी गति लुप्त हो जायेगी
हम दो तरह के पदार्थ नहीं थे

यह भेद भी उजागर हो जायेगा
हमारी साँसें भी एक ही थीं
यह तो तभी पता चलेगा हमारे दुश्मनों को

सोचती हूँ हमें नष्ट करना कितना आसान होगा
बध करो कविता का मरेगी एक स्त्री ही
और वह डाकिनी जो पीछा करती रहती है मेरा
मेरे प्रशंसकों का
मेरी पंक्तियाँ जो चुराती रहती है
वह तो खा जायेगी पूरी कविता ही एक दिन
उसकी भूख प्राचीन है
उसके सन्ताप सहानुभूति के लायक़

मगर कविता को यह मंज़ूर नहीं।

नया नीला

आज कोहरा है
कल अँधेरा था
लोग कहते हैं दो दिन बाद धूप निकलेगी
सूरज का ताप हमारी पीठ को गरमायेगा
हम जानेंगे आराम का मतलब
एक सुख हमारे माथे पर ज़ाहिर होगा
धमनियाँ नदियों की तरह फिर से हो जायेंगी
हमारी भाषा उनकी रफ़्तार को लिपिबद्ध किया करेगी

एक स्त्री कहती रही है
ताप तो दूसरों के लिए भी होना चाहिए ख़ुद में
जैसे अच्छे जीवन की मनोकामना दूसरों के लिए मन में
ऐसे में ही एक समाज समय के भीतर फिर से बन सकता है
पिछले के धागे को छोड़कर आगे बढ़ सकता है

आज कोहरा है
कल आसमान साफ़ होगा
बेशक उसका रंग होगा नया नीला।

प्रेम में रुकना

प्रेम में रुकी रहेगी वह
उसी से सब कुछ फिर से घटित होना है
नासमझी में नहीं बिगाड़ेगी रूप अपना
आततायी को नहीं फटकने देगी पास
भटकने देगी उसे बल्कि
प्यास बुझाने के लिए नहीं लायेगी जल उसके लिए
वह कड़ा रुख़ अपनायेगी
सच-झूठ को नहीं मिलने देगी एक में
रात को रोने देगी
करेगी इस स्त्री का भी त्याग इस बार।

हवा आती रहना

उसने कहा चलो हवा में नहाने चलें
अभी रात के नौ ही बजे हैं
हवा संग पानी भी है इस बार
चलो फुहारों में एक होने
हमारा प्रेम नया-नया है
उसे नयी सिहरन की तरफ़ ले चलें
देखो हवा-पानी कितने मुलायम दिखते हैं

चलो हवा से कहकर आयें
तुम आती रहो
बारिश लेकर आती रहो
सूखने न देना मन प्रान्तों को हमारे
हम जन्म-जन्म के भटके हुए लोग हैं
रेगिस्तानों, बियाबानों से गुज़रते हुए
अब जाकर साथ आये हैं।

आसमान देखना

थोड़ी देर में मैं आसमान को देखने निकलूँगी
मैं भूलना चाहूँगी उन बातों को
जिनकी वजह से बन्द रही हूँ
मन के किसी पुराने कमरे में
वहाँ से वह किताब उठा ले आऊँगी
जिसे पढ़ने का वादा किया था बादलों से
किसी समय उनसे गुफ़्तगू होती थी

थोड़ी देर में मैं चाँद से मिलूँगी
धरती के बहुत क़रीब है अभी वह
उसे जानना सबके वश में नहीं
उसके अपने धब्बे हैं
अपनी खाइयाँ
मुझसे उसका पुराना राब्ता रहा है

अभी उठूँगी और आँगन लाँघती हुई
घर के बाहर चली जाऊँगी
नदी की तरफ़ निकल जाऊँगी
शाम हो आयी है
हवा आहिस्ता-आहिस्ता अपनी रफ़्तार बढ़ा रही है
दिल में अभी कोई निराशा नहीं है
अभी कुछ भी सम्भव है
आसमान को देर तक देख पाना भी।

शत्रु नहीं

वहीं जाकर सम्पन्न होती हूँ
जहाँ नदी पत्थरों पर लिखती है गीत
संगीत जहाँ शब्दों को आश्रय देते हैं
मैं ख़ुद जहाँ खड़ी हो यह सब देखती हूँ
भूल जाती हूँ मृत्यु को

पूरी होती हूँ यहाँ
एक स्त्री की तरह
जब जंगल का प्रेम एक चुप में मिलता है
पेड़ों के नेह बरसते हैं मुझ पर जब
वहाँ के असंख्य जीव मुझे अपना समझते हैं
मैं किसी और पर निर्भर नहीं
और कोई और मुझ पर नहीं

अपनी राह ही चल रहे हैं सभी
सोचती हूँ शायद कोई अब शत्रु नहीं।

आश्चर्यचकित

यह पीले गुच्छों वाला छोटा-सा पौधा
कौन सा पौधा है यह
इतने नन्हे पौधे में खिले इतने फूल!
कितनी सारी मधुमक्खियाँ इर्दगिर्द इनके
रस पीने के लिए
चींटियाँ चढ़तीं, उतरतीं
कोई अपरिभाषित मिठास है यहाँ
एक नन्ही चिड़िया भी लाल ठोरवाली
इन्तज़ार में मेरे जाने के
कि वह भी जा बैठे इन संग डाल पर
डोले हो मस्त।

एक बात

एक दिन चुपचाप मैदान पार कर
चली आयी थी हिरनी अपने चार बच्चों के साथ
दूसरे दिन उसका संगी भी साथ था
आज भी उन्हें खाना मिला
आज भी उन्होंने समझाया
भूख तो बस भूख है
सबको लगती है
सब उसकी मार झेलते हैं
सब उससे उबरना चाहते हैं
इसकी कोई भाषा नहीं

पेड़ और उनके जंगल
सब कुछ कहते हैं एक-दूसरे से
जिसे कहकर वे तृप्त होते हैं
उनकी अपनी भाषा है
अपना जीवन
मनुष्य के लिए यह समझना क्यों दुरूह रहा है इतना
आख़िर एक पत्ता अपने गिरने से
सनसनाती-सी एक आवाज़ पैदा करता ही है
सारा जंगल जानता है इस बात को
कोई पेड़ से पूछकर पता तो करे
इस पीड़ा के रहस्य को

अलबत्ता यह जानना जंगल की भाषा में ही सम्भव है

जैसे प्रेम सम्भव है अब तक न बोली गयी भाषा में
न समझी गयी शब्दावली में
यानी चुप में कही गयी कोई एक बात।

❑❑❑